MANNOUN CHIMELLI

GASTANDO TEMPO COM OS FILHOS

5ª edição

Conheça nossos clubes
Conheça nosso site

@ /e-editoraquadrante
♪ /@editoraquadrante
▶ /e-quadranteeditora
f Quadrante

 QUADRANTE

São Paulo
2024

Copyright © 1993 Quadrante Editora

Capa
Provazi Design

Dados Internacionais de Catalogação na Publicação (CIP)

Chimelli, Mannoun
  Gastando tempo com os filhos / Mannoun Chimelli — 5ª ed. —
São Paulo: Quadrante, 2024.

  ISBN: 978-85-7465-606-9

  1. Crianças – Criação 2. Crianças e adultos 3. Educação de
crianças 4. Educação doméstica 5. Pais e filhos I. Título

                                                         CDD-649.1

Índice para catálogo sistemático:
1. Pais e filhos : Convívio : Educação familiar 649.1
2. Pais e filhos : Educação doméstica : Vida familiar 649.1

Todos os direitos reservados a
QUADRANTE EDITORA
Rua Bernardo da Veiga, 47 - Tel.: 3873-2270
CEP 01252-020 - São Paulo - SP
www.quadrante.com.br / atendimento@quadrante.com.br

SUMÁRIO

INTRODUÇÃO	5
VOCÊ E O TEMPO	9
OS FILHOS E O TEMPO	17
DO BOM USO… DOS BENS MATERIAIS	53
CORPO SADIO, CABEÇA BOA… E QUE MAIS?	85
CONCLUSÃO	121
NOTAS	123

INTRODUÇÃO

Um dos temas que mais afligem os pais é o que se refere ao tempo a ser utilizado na convivência necessária para educar os filhos. O tempo passa, os filhos crescem tão depressa, e vem a sensação de que quase não houve participação efetiva, consciente, que não se compartilhou desse aprender a viver...

Como correr contra o relógio? Como distinguir com segurança o que seja perder tempo, usar bem o tempo, ganhar tempo, gastar tempo? Momentos passados juntos em folguedos, conversas, brincadeiras, respostas a perguntas, esperas... são momentos perdidos ou momentos ganhos?

Há procedimentos educativos que exigem uma repetição monótona, por exemplo quando se trata de que os filhos adquiram bons hábitos, como os de higiene. Ou então muita paciência, para permitir e saber esperar que os pequenos se vistam sozinhos, segurem seus próprios talheres... Você acha que o tempo assim gasto é ganho ou perdido?

Deixo a resposta a um experiente e santo educador, São Josemaria Escrivá[1]*: «"Não irá rir, Padre, se lhe disser que — faz uns dias — me surpreendi oferecendo a Deus, de uma maneira espontânea, a perda de tempo que supunha para mim ter de consertar um brinquedo estragado de um dos meus filhos?" — Não sorrio — fico feliz! Porque, com esse mesmo amor, Deus se ocupa de recompor os nossos estragos».*

O protagonista deste ponto de Sulco, *já falecido, era um professor universitário sobrecarregado de aulas, que muitas vezes tinha de ficar até altas horas da noite corrigindo provas. Mesmo assim, bonecas de braços e pernas estropiados ou com as cabeças despencadas, peças de um jogo que não se encaixam, aquelas rodinhas soltas do carro que provocam lágrimas... eram pacientemente recompostas por ele; sempre encontrava maneira de largar os seus afazeres — ou o seu descanso — para «dar um jeito»... E pronto! Tudo no seu lugar, sorriso nos rostinhos antes cheios de lágrimas. Mas ao pai tinham-lhe custado o sacrifício de um tempo precioso. Perdido? Muito pelo contrário. Esse pai entendia bem o valor do tempo, e sabia que, se o tempo for transformado num sacrifício oferecido a Deus por amor, adquire um valor imenso aos olhos dEle!*

Desse episódio nasceu o título deste folheto — Gastando tempo com os filhos *—, no desejo de ajudar os pais* *e educadores a compreender que todo o tempo gasto no convívio e educação dos filhos não é gasto em vão, mas tempo bem aproveitado, precioso, porque é como semear em terreno fértil, pronto a render mil por um em colheita futura, em frutos saborosos de paz e alegria.*

Os filhos — futuros homens e mulheres — são esses frutos; aprenderão dos pais a ser serenos, fortes, alegres, equilibrados, conscientes do valor de suas vidas, do sentido do seu viver, e serão assim, por sua vez, bons pais e educadores. Confirmar-se-á então o dizer da nota que li certa vez à margem de uma velha Enciclopédia:

A herança cultural mais importante
poderia ser avaliada pelo tempo
que um adulto tem para perder com
               [uma criança.

(R. Diatkine)

VOCÊ E O TEMPO

Falemos do seu tempo

Seguramente você, como eu, tem consciência de que o tempo é um tesouro, um dom. Mas se é um dom, vale a pena avaliarmos como está sendo administrado. Posso utilizá-lo de mil modos diferentes — dar-lhe muito, pouco ou nenhum valor; posso empregá-lo pura e simplesmente para acumular bens materiais, ou, lembrando-me de que sou um ser humano composto de corpo e alma, compreender que não devo jogá-lo pela janela, desperdiçando-o! *Esta minha vida, única e irrepetível, só eu posso vivê-la; ninguém o fará como eu, ninguém o fará em meu lugar.*

Perguntemo-nos, pois, como são preenchidos os nossos dias, e as vinte e quatro horas de cada dia. Vivemos para trabalhar — e então é compreensível a nossa permanente queixa de falta de tempo —, ou trabalhamos para viver? E, ao trabalhar, que objetivo procuramos? Há pessoas que, seguindo consciente ou inconscientemente a filosofia hedonista que leva ao consumismo, trabalham exaustivamente para ganhar mais e mais dinheiro que possa trazer-lhes sempre mais e mais conforto (quantas vezes supérfluo!) para si e para os seus. Esses não têm tempo «a perder» com a família, consigo mesmos ou com os filhos... Esquecem-se de que, quando se coloca o coração em metas e objetivos materiais, o coração — esse eterno insatisfeito — quer sempre mais!

Outros, a maioria, que precisam trabalhar para sobreviver, esfalfam-se, mas, ao retornarem exaustos ao seio das suas famílias, não conseguem criar um espaço para *conviver*, envolvidos como estão no círculo vicioso trabalho-pausa-trabalho; nunca chegam a descobrir que podem e devem aprender a criar um tempo livre, até para preservarem a própria saúde mental e física.

Quando se observa na sociedade um aumento (universal!) de queixas quanto à insegurança, indisciplina, revoltas e tantos outros males que se abatem sobre a humanidade, é hora de nos perguntarmos: «Não estará a sociedade simplesmente repetindo o que se passa no íntimo das famílias?» Se algo vai mal, é na intimidade do ser humano, cujo polo vital é a família. Se os adultos — os pais — não têm tempo a perder com os filhos, quem lhes dará atenção? Quem se ocupará deles, dando-lhes as respostas, explicações e orientações vitais? Que farão as crianças e adolescentes que não podem contar com os seus pais e familiares, sempre tão ocupados ou tão cansados e impacientes?

Com calma, sem ansiedade, pare um pouco e descubra se, de fato, você é dos que «não têm tempo» para os seus filhos!

Como utilizá-lo bem?

A criatividade, uma das características da inteligência e da vontade do homem, anda abafada, sufocada pelo excesso de coisas prontas que nos são impostas pelo *marketing* do consumismo. Ora, sabemos que os principais *compradores* são a criança e o adolescente, que se tornam assim as maiores vítimas dessa guerra contra a individualidade. Daí que a tarefa de ensinar os filhos a utilizar bem o seu tempo seja primordialmente incumbência dos pais.

Ora, para que os pais possam desempenhar bem essa função, é preciso que comecem pela boa administração do seu próprio tempo. A sabedoria popular ensina que o tempo é uma questão de preferência. Que tal começarmos, pois, por um decidido planejamento pessoal?

Certa vez, ouvi um famoso conferencista citar quatro faculdades do homem moderno: inteligência, vontade, memória e... agenda! Pois então, agendas a funcionar! Você é capaz de ordenar o seu dia em atividades para a manhã, tarde e noite, prevendo e organizando a distribuição dos afazeres? É evidente que sempre surgirão imprevistos. Mas, se você não planeja o que vai fazer, corre dois riscos: um, o de fazer render pouco o seu tempo; outro, o de só fazer o que lhe agrada. Em ambas as situações, a falta de organização ou o egoísmo não lhe permitirão conseguir um tempo para «gastar» com o cônjuge, os filhos, a família, o lazer...

No que diz respeito ao tempo livre, também é preciso organizá-lo, para que seja realmente um tempo de descanso. Suponho que você já percebeu que quero dizer que «tempo livre» não significa ficar sem fazer nada: isso se chama *ociosidade*, e fatalmente conduz o indivíduo a desordens mentais dolorosas — pelo menos, é o que dizem os psicólogos. *Intervalo entre trabalho e trabalho*: isto é que é o tempo livre, e para uma vida saudável ele deve ser ocupado, e bem ocupado. Ocupar bem esse tempo de que falamos é fazer aquilo de que se gosta e que normalmente não representa trabalho remunerado para a sobrevivência pessoal ou familiar, como por exemplo, a música, os esportes, a leitura, os passeios... São tantas as coisas de que gostamos!

Aonde quero chegar? À ideia de que o adulto que sabe organizar o seu tempo livre poderá dispor de mais tempo para estar com os seus filhos. Além disso, nunca é demais lembrar que as crianças aprendem mais facilmente com o exemplo do que com a palavra; portanto, os pais organizados, serão eles próprios os melhores modelos de bom aproveitamento do tempo para os filhos. «Pode-se dizer que a primeira fonte de influência sobre a criança é a própria pessoa do educador; a segunda, aquilo que faz; a terceira, e somente a terceira, aquilo que diz»[2].

Não se pode dar aquilo que não se tem... E os filhos esperam que os pais percorram antes deles o caminho, para depois acompanharem as suas pegadas. Pais que sabem para onde vão, por que vivem e como vivem, e que sabem utilizar bem o próprio tempo, saberão também ensinar aos filhos o caminho!

OS FILHOS E O TEMPO

Da arte de brincar...

Numa crônica já antiga, Carlos Eduardo Novaes conta a aflição dos pais de Paulinho, olhados como seres inferiores por todos os vizinhos: afinal, todas as crianças do prédio desenvolviam mil e uma atividades, enquanto Paulinho, aos 6 anos, *só* ia à escola e brincava! A situação acaba tornando-se insustentável, e os pais resolvem tomar providências...

E o autor vai descrevendo, entre uma e outra peripécia, a *via-crúcis* de Paulinho. Enquanto os pais não o fazem ultrapassar as atividades dos demais meninos do prédio, não o deixam em paz: é a natação (afinal, se ele tem medo, é por aí que deve começar, para vencer-se enquanto pequeno!), é a ginástica olímpica, artes, inglês, judô, francês, terapeuta, logopedista, aparelho nos dentes... Por fim, hipismo, karatê e sapateado completam a longa lista das atividades, para as quais o pequeno até precisa usar agenda. Com tudo isso, Paulinho amadureceu «de véspera». Consultado por um parente, no seu aniversário, sobre o que desejava ser quando crescesse, respondeu imediatamente: — «*Criança!*»

Enfim, tornou-se adulto. Paulão, já formado economista, pós-graduado, intelectual, casa-se. Agora pode enfim libertar-se da escravidão competitiva familiar. E, trancado em seu escritório particular, pode finalmente realizar o seu grande sonho... brincar de trenzinho[3]. Não nos lembra isto alguma coisa que nós próprios conhecemos?

Muitos pais têm, hoje, essa preocupação de colocar os filhos ainda pequeninos em escolas especializadas, de acelerar os processos pedagógicos, fazendo com que as crianças aprendam a ler já aos três anos, desenvolvam aptidões latentes em tempo «record», levem a cabo um sem-número de atividades corretas em si mesmas, porém *precoces*. Pensam que assim estão estimulando a formação ou a descoberta de mini-gênios.

Se isto tornasse as crianças e a humanidade mais felizes, valeria a pena. O que se nota, porém, nas crianças submetidas a tais métodos avançados — ditos «pedagógicos» —, é que, ao entrarem em contacto com outras crianças que frequentam escolas comuns, em festas, aniversários, reuniões familiares ou parques e jardins, aquelas que têm o seu processo pedagógico artificialmente acelerado destoam, não conseguem comunicar-se com as outras; a sua «linguagem» não é compreendida e, em consequência, isolam-se, tornam-se arredias e tristes. Não tiveram tempo para brincar, para viver.

É verdade que, dentro da classe média, já são tantas as crianças ocupadas em múltiplas atividades que «as outras» é que começam a destoar. Não se trata, é evidente, de reter os filhos em casa o tempo todo, de prendê-los ou de impedi-los de fazer o que fazem os seus colegas. O que vale a pena, isto sim, é *deixar tempo* aos filhos, sem pressões induzidas pelo ambiente, permitindo que as coisas aconteçam no seu devido tempo. Se eles, espontânea e individualmente, se mostram desejosos de aprender mais depressa e ávidos de conhecer coisas novas, então, sim, é a ocasião de oferecer-lhes ajuda. Mas não compete aos adultos, de «cima para baixo» ou de fora para dentro, precipitar ou acelerar um processo cujas etapas devem ser percorridas paulatinamente, uma a uma. O tempo *pessoal*, aquele que distingue um ser humano de outro, e que constitui a essência da sua personalidade, não pode sofrer violências, ter «etapas queimadas», como em geral se diz.

Não mudou, nem mesmo neste final de século, a necessidade imperiosa, diria vital, que as crianças têm de *brincar*. E brincar com os brinquedos e brincadeiras de sempre, os básicos — as meninas, com as suas bonecas e panelinhas; os meninos, com a bola e as pipas; e, ambos, com figurinhas... Uma criança pode tornar-se um adulto triste, até irresponsável, se tiver sempre ocupações e nenhum tempo para brincar[4].

Paciência, pais! É de profunda sabedoria entender que *para tudo há um tempo debaixo do sol...* Deixem as crianças recrear-se, vivenciar passo a passo a sua idade, para que não venham um dia a sentir saudades do que não puderam viver.

Regra de ouro: *Deixar brincar!*

Tempo para recreação

Para a criança, o ato de brincar representa o mesmo que, para um adulto, o ato de trabalhar. Para podermos trabalhar, devemos ter horários, metas, programas, descanso, e da mesma forma a criança também deve ter as suas brincadeiras respeitadas pelos adultos. É preciso ter a delicadeza de avisá-la com antecedência: «Está chegando a hora do banho» — ou de qualquer outra atividade: escola, almoço, etc. —, para que tenha tempo de organizar-se, de pôr os brinquedinhos «para descansar»... É preciso evitar atitudes bruscas, intempestivas, por estarmos com pressa ou porque decidimos outra coisa, pois isso deixa a criança insegura, inquieta, chorosa.

«Brincar confunde-se, particularmente para as crianças de até seis anos, com a própria vida. É através de jogos e brincadeiras que elas vão aprendendo as primeiras noções de cooperação, de espírito de equipe, os deveres e direitos pessoais e alheios, a sociabilidade e, fundamentalmente, a estruturação do ego, que se vai fortificando porque a criança cria, imagina, define o que quer ser e expande a própria personalidade. Além disso, ao brincar com outros, vai vivenciando o que é competir, perder, ganhar. Para a criança, brincar jamais será perder tempo!»[5]

Maria Junqueira Schmidt, em seu livro *Educar pela recreação*[6], faz algumas observações extremamente interessantes. Considera, por exemplo, que se podem atingir todos os objetivos de uma saudável pedagogia simplesmente através da recreação. Isto porque, no ato de brincar, nos jogos, se aliviam exigências externas e internas que pressionam a pessoa e impedem um bom raciocínio e decisões serenas; além disso, através das fantasias que os folguedos permitem, desabrocham os talentos, as aptidões e habilidades até então latentes ou mesmo desconhecidas.

Assim se pode caminhar para a maturação afetiva, emocional. Os seres que mais brincam, afirma a autora, são os mais bem-dotados, como o demonstram até umas experiências com cobaias e ratos. A cobaia, que tem curta «inteligência», já é adulta no terceiro ou quarto dia de vida, ao passo que o rato branco, bem mais «esperto», tem quatro semanas de infância... O desenvolvimento mais rápido, a infância mais curta, prejudicam a inteligência ao invés de ajudar. O psicólogo Chateau resume esta verdade numa frase lapidar: *O que é precoce é precário!*

São muitos os autores que apontam o ato de brincar e os jogos para crianças como um verdadeiro trabalho; para elas, como também para o adulto, a recreação representa um elemento enriquecedor da personalidade, sendo de relevância ressaltar o humanismo existente na recreação, no lazer, no brinquedo e passatempo. É brincando que a criança desenvolve, entre outros valores, a espontaneidade, a criatividade, a iniciativa, a organização, a autoconfiança, e, portanto, não se deve pensar que é apenas questão de impulso ou inclinação. *Brincar* é, pois, uma palavra muito rica em conteúdo e, mais que uma palavra, é uma atividade, uma forma de ação e expressão!

É voz geral, entre os pedagogos, que os bons educadores devem proporcionar condições para que a criança possa ser verdadeiramente criança, e não uma miniatura de adulto. Isto porque é fácil incorrer no erro de pensar que, se deixarmos as crianças brincarem, não estarão aprendendo a ser disciplinadas em sua vida, familiar, escolar ou social.

Cabe aos pais, *primeiros e principais educadores*, defender o tempo de brincar das crianças, comprovando, ao mesmo tempo, que são compatíveis (e até pertinentes) a disciplina e o ato de brincar, como o são também o carinho e a firmeza, a alegria e a responsabilidade. «O patriarca da moderna pedagogia, Herman Nohl, disse certa vez que o educador é o advogado dos interesses vitais da criança em face dos interesses do adulto. [...] Deve, portanto, velar para que a criança seja verdadeiramente criança. Isto não quer dizer que a criança só deva pensar em brincar e não deva aprender a ser disciplinada, mas que esses dois elementos fundamentais do crescimento devem ser fomentados nas devidas proporções. O educador deve cuidar de que a criança aprenda a inserir-se no ambiente, a disciplinar as suas inclinações e os seus instintos, a fazer o que a família e a escola lhe exigem, etc. Mas também deve preocupar-se de que possa viver por si mesma e disponha de ocasiões para brincar»[7].

Comprar brinquedos ou criá-los?

Se brincar é fundamental, não o são tanto os brinquedos em si, especialmente aqueles fantásticos, de «última geração», que os pais fazem questão de não deixar de comprar, embora à custa de qualquer sacrifício, e que depois tantas vezes são utilizados apenas como enfeites intocáveis ou, ao contrário, destruídos logo depois de abertos. É melhor, na maioria das vezes, deixar que sejam as próprias crianças a criar os seus brinquedos.

Deixe os seus filhos à vontade com material suficiente para criarem. Você se lembra de guardar o material que talvez pensasse em pôr no lixo para as atividades e folguedos? Carretéis vazios, restos de lã e de linhas coloridas, tampinhas de garrafas, revistas coloridas usadas, continhas, vidrilhos, botões em desuso, um pouco de cola (aquela que se faz com água e arroz cozido), palitos de fósforo usados, cordões, barbantes... Que festa para a criançada! E que não fiquem esquecidos os cabos de vassoura, eternos cavalinhos de pau, as marionetes de pano, os fantoches que divertem, estimulam a imaginação e criam deliciosas histórias. Quantas agradáveis surpresas virão! E, para as crianças, construir algo com as próprias mãos entretém mais, além de preparar a inteligência e a vontade, de treinar a perseverança e a tenacidade, esse saber começar e recomeçar tão necessário à vida.

Mais tarde, à medida que forem crescendo, é preciso variar as atividades de acordo com o grau de maturidade que forem alcançando, até por causa do amadurecimento forçado que lhes impõe o ambiente da escola e dos amigos. Assim, estimulá-las a encenar, em conjunto com os irmãos, primos e amigos, umas pequenas peças ou quadros para a família, talvez por ocasião de um aniversário ou de uma data festiva que se aproxima, proporciona o desenvolvimento de habilidades e virtudes desde os preparativos até a apresentação. Outra possibilidade é confeccionar em família enfeites e presentes de Natal, Páscoa e também para os aniversários; existem muitos trabalhos que podem ser apenas supervisionados pelos pais, e que deixarão as crianças com uma salutar sensação de «autoria».

Enquanto os filhos brincam, é bom que os pais possam estar por perto, prestando ajuda quando solicitados ou opinando com sinceridade («Está bonito!», ou «Não ficou mal, mas penso que você pode fazer melhor; que tal tentar de novo?»). Animar e estimular, propor e sugerir fazem brotar aptidões e pendores latentes, vocações que se vão delineando ao encontrarem campo fértil para florescer. Quantas vocações, quantas profissões brilhantes se definiram — ou então se perderam — pela possibilidade — ou falta de possibilidade — de criar, ensaiar, praticar...

Quanto mais simples for o brinquedo, quanto mais elementos ligados à natureza contiver — água, terra, pedrinhas, fogo, pauzinhos —, maior a fascinação para a criança pequena. Mesmo morando em apartamentos, a água do banho, a areia dos playgrounds ou uma pequena horta em vasos num terraço são ocasiões para esse deslumbramento com a natureza; os passeios à praia são ideais para as primeiras experiências com esses elementos, como também para as brincadeiras — vigiadas — com palitos de fósforo, fazendo-se fogueirinhas e aprendendo-se assim as utilidades e riscos do fogo. Em nosso país, as festas juninas com as suas fogueiras e assados, o costume crescente dos churrascos em família, são excelentes ocasiões de convívio e de aprendizagem.

Em suma, quando há essa intenção de gastar tempo com os filhos, o quintal, uma pracinha, o pátio de uma igreja, um parque..., todos os locais servirão para criar e deixar criar.

A propósito, uma pesquisa realizada pela Universidade de Valência (Espanha) entre 1 600 crianças de 4 a 14 anos, revela que *o melhor «brinquedo» que os pais podem oferecer aos filhos é um irmão!* Os que são filhos únicos, ou têm apenas um irmão, sentem-se sós, e acabam desenvolvendo carências emocionais e afetivas (a assim chamada «síndrome do filho único») que os colegas de escola ou amiguinhos da vizinhança nunca são capazes de suprir[8].

«A palavra "brincar", que se pronuncia com tanta ligeireza, é na verdade muito rica em conteúdo. De certo modo, engloba toda a atividade espontânea da criança. Significa uma atividade que é determinada, não por um objetivo externo, mas por uma inclinação e um impulso situados no interior da própria atividade. O ato de brincar é uma forma de ação que tem o fim em si própria, em que a vida se desenvolve livremente; um símbolo que se apodera da existência e a interpreta; um cerimonial que torna realidade o mundo indiviso da criança. [...] É preciso insistir no mal que fazem os adultos — eles que já não são capazes de brincar — quando se deixam levar nesta matéria por falsos conceitos de utilitarismo e de racionalidade, por suas ideias acerca da preparação e da formação profissional, pela preocupação de dar aos brinquedos um caráter técnico, etc. O educador deve antes de mais nada assegurar um lugar à espontaneidade da criança, [...] para ajudá-la a familiarizar-se com o seu próprio espírito de iniciativa e a ganhar confiança em si mesma»[9].

Como conhecer o gosto dos filhos

«Se não convivemos com uma pessoa, dificilmente a conheceremos. O excesso de trabalho, em casa ou fora, somado à falta de uma programação racional e adequada às exigências da família reduzem, e muito, o tempo dedicado à convivência com os filhos»[10]. Em contrapartida, pais observadores que se disponham a gastar o tempo que devem com os filhos, saberão detectar desde a infância os gostos, as inclinações e as aptidões das crianças, incentivando, estimulando ou «podando» — quando for o caso — as suas futuras escolhas e caminhos.

Os objetivos do dia, somados à ordem no arranjo pessoal, da casa e ao trabalho externo, tudo isto encaminhado a que haja tempo para estar com a família, são esforços que tornam a convivência agradável e ajudam a distribuir as tarefas às quais as crianças se vão acostumando desde cedo. A ideia que pode ser semeada na cabeça da criança é que, se os pais arranjam tempo para brincar com elas — e gostam disso —, também elas irão gostar de *brincar de ajudar*.

Sabe-se que, até os 5 ou 6 anos, a criança gosta de se oferecer para ajudar. Se se considera essa ajuda uma «atrapalhação», um atraso, corre-se o risco de que ela venha a ser considerada *imprestável* quando crescer. Não colaboremos com esse rótulo! Uma ajuda, mesmo desajeitada no início, pode fazer sobrar tempo para brincar com o filho pequeno, para ir participando das suas fantasias e acabar por conhecer essa preciosa individualidade que cada um deles revela. Aceitar essa ajuda que as crianças oferecem, representa arranjar tempo para escutá-las, pois enquanto se vai daqui para lá nas atividades e afazeres, elas vão ao lado, externando o que pensam, o que lhes agrada ou não nas nossas atitudes e nas dos outros, o que pensam fazer, comentários que ouviram, dúvidas a esclarecer.

É pôr em prática um provérbio que se lê com frequência em alguma nota de calendário: «A natureza deu-nos dois ouvidos e uma boca, para que escutemos mais e falemos menos»... Que surpresa descobrir que aquele filho caladão, quando se junta a outras crianças, é um líder que organiza e observa; que a filha gritadeira imita a mãe com as bonecas ou as crianças menores...

Experiência maravilhosa e sempre inesquecível é a dos momentos que se passam com os filhos antes de adormecerem. Você conserva esse precioso costume de acompanhá-los, sempre que possível, quando se vão deitar, à noite? Cobri-los, ajeitá-los, contar-lhes histórias... propicia momentos de paz e calma que os ajudam a dormir serenos, afastando medos e angústias. É importante o boa-noite, a bênção, o deixar um pensamento que contenha um estímulo para o bem; é hora de ouvir, esclarecer, consolar, perdoar, acalmar, tirar dúvidas, devolver ou confirmar a paz. Assim agia São João Bosco, um dos maiores educadores de todos os tempos. Que fantástica pedagogia esta, que também ajuda a afastar o *mal do século* — a síndrome do pânico...

Era uma vez...

Quando se fala em *gastar tempo* com os filhos, não se pode deixar de lembrar o maravilhoso mundo das histórias.

Tantos escritores relatam que a descoberta do seu talento esteve associada às histórias que ouviram na sua infância! Numa coletânea de *Os melhores contos de Natal*[11], a romancista inglesa Elizabeth Goudge, cujo conto *A estrela de Belém* vem especialmente destacado, refere que considera como responsável pela sua vocação a mãe inválida, que tinha muita alegria em contar-lhe histórias quando pequena.

«Cerca de 80% da estrutura da linguagem é completada por volta dos quatro anos de idade. Dos quatro aos sete anos, a criança vive o período da metáfora e do símbolo, a linguagem da analogia e do sonho»[12]. A autora destas linhas, especialista em educação pré-escolar, vai explicando a importância e o valor das histórias para crianças, que devem ser «um presente de amor» para elas. Sabemos que, para formar ideias, para aprender, a criança tem necessidade de fatos e coisas concretas. Assim, ao escutar histórias, vai armazenando imagens, aprendendo a fazer associações, base do pensamento abstrato que caracterizará, mais tarde, o pensar adulto, a maturidade intelectual.

A criança pensa concretamente; a capacidade de abstração vai caracterizando o ingresso na adolescência e vida adulta. Assim é fácil comprovar, nos contos de fadas e nas clássicas histórias ditas infantis, quão concretas devem ser as figuras para que as crianças as acompanhem. E não é difícil observar como as crianças se deliciam com essas histórias, que devemos utilizar para prender-lhes a atenção, aproveitando para formá-las, passar valores, afastar medos e ansiedades, corrigir, educar.

Sobretudo após os três anos e meio, e até muito mais tarde — é difícil precisar quando se deixa de gostar de histórias! —, pode-se aproveitar este recurso para, por exemplo, acalmar as crianças ou apartar alguma briguinha, demovê-las de birras ou distraí-las. Experimente-se chamá-las para ouvir histórias — com que entusiasmo acorrem! Trocam qualquer programa, e ainda convidam quem estiver por perto, para participar desse fato maravilhoso! Vibram e vivenciam cada detalhe, corrigem quando se muda algum dado ou nome de temas já conhecidos e não se cansam de ouvir cotidianamente os mesmos contos. É uma excelente ocasião para aproveitar os conteúdos da própria história para introduzir, corrigir ou melhorar certos hábitos, reformular valores, incutir virtudes. Ou então criam-se histórias novas com personagens adequadas, solicita-se ajuda para nomes, lugares, ocorrências e... o aprendizado fica!

E, se não nos ocorrem histórias da nossa própria lavra, podemos recorrer à leitura. Os clássicos contos de fadas vão sendo sempre reeditados, muitas vezes com excelentes ilustrações, e aparecem também novos livros infantis, que é preciso selecionar com um certo cuidado; depois, é questão de comprar uma boa edição, e começar por ler diariamente um pequeno trecho com as crianças, apontando-lhes cada figura e explicando o significado. Mais tarde, pode-se passar para as histórias completas, até que a criança esteja capacitada para ler por si mesma. Mesmo então, porém, convirá sempre acompanhar o que lê, e aproveitar para explicar, para extrair «a moral da história», para dar critérios sobre o bem e o mal, o certo e o errado.

Também é muito bom remexer, pais e educadores, na arca de lembranças da memória. Histórias divertidas da própria infância e juventude, episódios relativos aos avós e parentes, conselhos apoiados em experiências pessoais, que se contam para ilustrar o ensinamento a transmitir, e, a seu devido tempo, recordações dos tempos de noivado e de matrimônio antes de as crianças nascerem, são excelentes para criar nos filhos raízes, a sensação de *pertencerem* a essa família, e em consequência reforçam a unidade entre todos os seus membros.

Estamos dispostos, pois, a *gastar o nosso tempo* — até então ocupado em ler o jornal, arrumar a cozinha, falar ao telefone, sair às compras e visitas — para sentar-nos com os filhos? Quando temos essa disposição, sempre há a possibilidade de contar com a ajuda deles para apressar esta ou aquela tarefa — que de outro modo teríamos de fazer sozinhos — e acabar mais cedo para poder contar e ouvir histórias...

Esporte: recreação, não castigo!

Quando as crianças são pequenas, as brincadeiras devem ser adequadas à faixa etária. Após os sete ou oito anos, deve-se incentivar a prática esportiva, que contribui fortemente para a formação da personalidade, pois:

— estimula o relacionamento em grupo;
— favorece o exercício da socialização;
— habitua a perder e ganhar;
— ensina a ter metas que, uma vez alcançadas, estimulam a autoestima sadia;
— fortalece a vontade e o espírito de luta.

«Na adolescência, sobretudo, a atividade física deve ajudar a não cultuar apenas o corpo (temos um corpo, não *somos* um corpo), mas também a estimular as qualidades físico-psíquicas (capacidade de concentração e relaxamento, coordenação motora e mental), aliviando tensões, dirigindo-as para objetivos saudáveis, além de incentivar as qualidades psicossociais (disciplina, domínio de si, respeito às regras e aos outros)»[13].

Mas os esportes devem ser incentivados, não impostos, pesquisando-se antes os gostos e habilidades específicas dos filhos. Para isso, podem-se aproveitar as épocas de campeonatos, olimpíadas e outras competições, ensinando a valorizar a preparação de um atleta, a representação do clube ou da pátria, e despertando um sadio orgulho pela tenacidade e pelo esforço para superar as próprias marcas.

Convém também levar os filhos a valorizar as renúncias e sacrifícios que são necessários para se alcançar um bem maior. Pode-se, por exemplo, propor-lhes perguntas do tipo: «Como você se prepara para a grande conquista que é a sua própria vida?»; ou: «O atleta busca a medalha de ouro, o pódio, a taça... e você?»

Quando tudo acaba em festa

Os talentos dos filhos estão sempre aguardando uma chance para eclodir. Um teatrinho improvisado em dia de chuva ou por ocasião de um feriado — um palco, música, dança, cantos, uma reunião —, e eles trocarão qualquer programa individual por este encontro familiar. Mais ainda, se papai e mamãe resolvem contar casos e fatos da sua própria infância e adolescência, viagens, descobertas, sustos e apertos — como os filhos ficam encantados!

Urge reaprender a festejar em casa os acontecimentos, mesmo aparentemente banais: a vitória que alguém obtém na escola ou no trabalho, os aniversários natalícios e outros aniversários (mesmo das bonecas e bichinhos), fatos, acontecimentos; tudo pode acabar em festa, com uma toalha mais bonita, uns pratos diferentes, um arranjo de flores; mesmo os adolescentes e jovens mais arredios, os tímidos e desconfiados, os que têm «altos programas» fora de casa, não resistirão ao clima alegre e luminoso do seu lar e acabarão por se enturmar com os familiares!

Há uma preocupação justificada com o alcoolismo, fumo e drogas entre adolescentes. Estas e outras sugestões semelhantes são caminhos seguros para afastar esses malefícios dos lares.

Vez por outra, é bom que os pais convidem os amigos de seus filhos, grandes ou pequenos, para um lanche, enquanto estudam, fazem trabalhos de grupo ou brincam. É importante a aproximação com os amigos para conhecer de perto com quem andam, o que pensam, como vivem, sem censuras ou observações depreciativas. E é ótima também uma aproximação com os pais desses amigos, porque, se se criarem laços de confiança baseados no interesse comum tão vital, eles virão e ficarão. E você terá ganho o coração dos seus filhos e dos filhos dos outros, junto com o dos pais.

Estar juntos, numa vida em família, participar, desfrutar de um tempo de convívio, é enriquecedor. Assim não há solidões coletivas, mas um maior conhecimento, solidariedade e respeito mútuos.

E os passeios, vamos lá?

Na vida familiar, os passeios em conjunto trazem maior união, oferecendo também excelentes oportunidades de entrosamento e orientação e, não raras vezes, de reconciliação. Sobretudo aos que entram na adolescência, nada melhor do que essas ocasiões de descontração, quando os pais podem estar a sós com eles, para esclarecer dúvidas e situações delicadas e aliviar tensões.

Podem ser viagens curtas ou mais longas, dependendo da disponibilidade econômica do momento, ou simples caminhadas por praias afastadas e vazias ou pelo campo. A vitalidade inesgotável das crianças para andar, as descobertas que vão fazendo e relatando aos pais, o apanhar chuva, sol, calor ou frio juntos, desfazem tantas superproteções desnecessárias, além de provar que os filhos não são de papelão e que não se desmancham nem adoecem por esses pequenos imprevistos!

É muito oportuno planejar juntos os dias de feriado prolongado ou de férias. Pais e filhos fazem o levantamento dos nomes de locais possíveis de serem visitados e organiza-se uma votação: Praia ou montanhas? Fazenda, cidade, sítio, excursão? É evidente — e muito importante — que, ao proporem onde se passarão as férias e feriados, os pais levem em conta a época do ano, o afluxo de visitantes e as atividades nesses locais, para que todo o seu trabalho de formação e educação dos filhos quanto às virtudes, valores, pudor, trajes, bons hábitos, não seja prejudicado por ambientes contrários. Concretamente, levar os filhos adolescentes a praias concorridas durante o verão chega a ser, nas atuais circunstâncias, uma verdadeira aberração, que nenhum pai ou mãe de família responsável deveria permitir-se.

Feita a escolha do destino — excelente oportunidade para aprender, para treinar o hábito de saber ganhar e saber perder, cedendo (com boa cara!) aos desejos da maioria —, passa-se a planejar *o que* fazer, *como* fazê-lo, *quem* se incumbirá disto ou daquilo. É um excelente modo de treinar os filhos na capacidade de assumir responsabilidades, e ao mesmo tempo um belo exercício democrático que, no regresso, passará por uma avaliação, para futuras melhoras. Descobrem-se as habilidades, a criatividade, os talentos!

Não se deve esquecer também de pensar em programas diversos para dias de sol e para dias de chuva. Não devem faltar bons livros, sugestões de jogos, passatempos e brincadeiras de salão, teatrinhos, serões de histórias, fotos familiares, concursos, etc.

É sempre bom lembrar que muitos dos hábitos das crianças se formam pela observação das preferências ou rejeições dos pais. Vale a pena, por isso, não só estimular os acampamentos em família, ou entre várias famílias, mas também organizar com outros pais pequenos clubes na própria casa, de meninos ou de meninas, com atividades específicas de acordo com o sexo e a idade. Nesses clubes, podem-se promover com segurança atividades interessantes para os filhos: esporte, *hobbies*, coleções, teatro, música, artesanato, ciências, e até visitas a museus e pontos turístico-históricos da cidade. Assim, além de alargarem os seus próprios horizontes, tornar-se-ão um dia adultos de simpática e agradável presença, porque saberão conversar sobre vários temas, e não somente sobre a sua área profissional ou as manchetes de esporte dos jornais...

DO BOM USO... DOS BENS MATERIAIS

Esta é uma temática que, à primeira vista, poderia parecer fora de lugar. Afinal, por que falar no bom uso dos bens materiais, se o assunto é *gastar tempo* com os filhos? É que, cada vez mais, caminhamos dentro de uma civilização rica em bens materiais e de consumo que *absorvem* tempo como se fossem um fim, ao invés de serem um *meio* que nos permite dispor de mais tempo e de melhor qualidade.

O Dr. Ralph Minear, professor de pediatria da Faculdade de Medicina de Harvard, tem um livro, fruto de muita pesquisa, chamado *As crianças que têm demais*. O tema gira em torno da sua experiência com a «ricopatia». Apesar de o sufixo *patia* querer dizer «doença», não é que o autor considere o simples fato de «ser rico» uma doença. Mas refere-se aos sintomas de um fenômeno psíquico muito difundido atualmente, cujo fator-chave é a educação baseada no excesso de algum elemento: muitas horas diante da televisão, presentes em demasia, grande quantidade de dinheiro, excesso de liberdade ou de proteção...

O professor analisa as alterações da personalidade que ocorrem nas crianças que têm em demasia algum ou alguns dos elementos citados, e afirma com toda a simplicidade que a solução para reverter essa «doença» se encontra numa educação familiar baseada no diálogo, no tempo gasto com os filhos e nos princípios morais básicos dos pais: «*Eles é que são os principais educadores, e não a televisão ou a escola*», afirma o professor[14].

«Vive-se um clima de supervalorização do supérfluo», alerta a psicanalista Ana Cecília Sá, que acrescenta: «Cabe aos pais não embarcarem na febre consumista dos filhos, entrar com dados de realidade, um alto espírito seletivo e valores não veiculados pelo vídeo»[15]. Se o tempo livre só é *ocupado* diante da telinha mágica, os apelos veiculados através dela são irresistíveis! O mais moderno e ousado brinquedo, o mais irresistível iogurte, os deliciosos hambúrgueres, chocolates e chicletes, acompanhados ainda por cima de prêmios fantásticos! Como não tomar aquele refrigerante cujas tampinhas podem ser trocadas por um objeto indescritível? E assim se vai permitindo às crianças e adolescentes, e até a nós mesmos, colocar os objetivos, esperanças e metas em *coisas* que, tão logo chegam às mãos, já estouram como bolhas de sabão.

Do bom uso da televisão

A favor, contra, nem tanto nem tão pouco... Em si, a televisão, como qualquer objeto, é indiferente. É precisamente o seu uso indiscriminado, tantas vezes obsessivo, que é mau.

«Os pais cristãos [...] não podem ignorar, na formação dos seus filhos, o poder imenso dos meios de comunicação de massa, sobretudo o rádio e a televisão. Precisam convencer-se de que a influência destes meios é impressionante em muitos níveis. Além disso, os meios de comunicação de massa querem e podem influenciar segundo as diretrizes dos seus dirigentes, em muitos casos opostas ao plano educativo dos pais»[16].

A televisão é um meio incomparável de informação, formação, transformação, afirmava o Papa Pio XII. Por ser um dos mais acessíveis e envolventes meios de comunicação, conciliando imagem e som e fornecendo a mensagem de um modo atraente, agradável e que dispensa esforço pessoal, cativa fortemente crianças e adultos[17]. Mas é exatamente nisto que reside o seu perigo. Lembro-me de um episódio muito significativo, que ouvi de um diretor de colégio numa reunião de pais. Uma criança de três anos fazia de tudo — sem sucesso — para atrair a atenção do pai, que tinha os olhos fixos na televisão; a certa altura, o pequeno parou diante da tela e disse-lhe: — «Papai, por que você fica olhando essas figurinhas? Não vê que *eu* é que sou real?» O pai, enfim sensibilizado, desligou o aparelho, sorriu e foi brincar com o filho.

Hoje já se pode até falar em *tele-adição*, no mesmo sentido em que falamos das outras dependências que trazem acorrentados tantos seres humanos: álcool, drogas leves e pesadas e tantas outras atitudes e comportamentos que muitos rotulam de simples *manias*, mas que causam verdadeira escravidão.

Penso que a TV precisa ser tratada como um serviço ao homem e não como um escravizador seu. Afinal, assim como só se recebem em casa pessoas amigas, por que não selecionar os programas que a família vai ver? Um homem com sede pode ingerir qualquer líquido impróprio, mas, se lhe forem oferecidos vários tipos de bebida, escolherá a mais conveniente para o seu corpo. Assim, é preciso ensinar às crianças o que serve e o que não, para que saibam escolher. Isto exige tempo, atenção, sair do «eu», coisa que os adultos, em geral, não estão dispostos a fazer, bem como um alto nível de exigência com a própria formação para poder transmiti-la.

Onde estão as desvantagens e as vantagens? Vejamos algumas observações para que os pais reflitam e tirem as suas deduções.

Uma pesquisa realizada em 1990 por alunos do curso de Rádio e Televisão da Escola de Comunicações e Artes da USP, que basearam a sua amostragem na programação das quatro principais redes de televisão nacionais entre as oito horas da manhã e a meia-noite, indica que, ao final de uma semana, se terá assistido a:

— 1 145 cenas de nudez;
— 276 relações sexuais;
— 72 palavrões;
— 707 brigas e facadas;
— 1 940 tiros[18].

Diante destes números, que de lá para cá só tenderam a piorar, poder-se-ia argumentar que ninguém consegue assistir a quatro canais de televisão simultaneamente nem fazê-lo durante todo o horário pesquisado. Mas o fato é que duas horas diárias diante do aparelho já serão suficientes para se receberem maciças doses de violência e pornografia dos anúncios, propagandas, programas, novelas, *shows* etc.

Qual o efeito de tudo isto na cabeça de crianças, adolescentes e jovens? Mesmo que se pense ou se diga que as crianças já estarão dormindo ou desatentas no horário da programação «pesada», quem irá negar que as cenas piores já são mostradas em *flashes* desde o início da programação da emissora, anunciando tal filme ou programa para as vinte e três horas, por exemplo?

A contínua insistência da programação televisiva nos temas ligados à violência, sequestros, pornografia, terrorismo, vai pouco a pouco tornando as pessoas insensíveis e indiferentes ao sofrimento, brutalizadas, mais agressivas e intolerantes. Não podemos nem de longe avaliar (ou será que podemos?) o que será da geração que cresce diante de tais desatinos.

Deste modo, se, por um lado a TV:

1. traz informações;
2. torna acessível a muitos peças teatrais, obras clássicas, balé, música, esportes;
3. serve de companhia a inúmeras pessoas idosas e doentes;
4. exercita a memória, desenvolve a atenção e pode ser muitas vezes um auxiliar educativo,

é bom não esquecer:

1. a limitação da atividade física e a consequente passividade física e mental que impõe às crianças; ao contrário do que muitas vezes se pensa, a televisão não estimula, mas reduz a capacidade imaginativa, por apresentar imagens já prontas;
2. o estímulo à violência e a propaganda que se faz da «lei do mais forte» e do «vale-tudo» para se conseguir o que se deseja;
3. o despertar excessivamente precoce do interesse pelo sexo, apresentado não poucas vezes de maneira distorcida e doentia, isolado do amor e do casamento;
4. o estímulo à sensibilidade superficial; quantas vezes não se leva o público a emocionar-se com os dramas vividos por povos longínquos, enquanto aqui

mesmo o sofrimento é habitualmente ignorado...;
5. No desenvolvimento também demasiado precoce da sensualidade, da tendência para o menor esforço, que vai abrindo a porta ao predomínio dos sentidos sobre a razão e enfraquecendo a vontade, a capacidade de lutar por atingir as metas que a pessoa se propôs;
6. a tendência crescente a transformar o lazer numa atividade profundamente individual, solitária mesmo; ao invés de ser um tempo destinado à comunicação e ao relacionamento com os outros, o tempo livre passa a servir ao isolamento e ao egocentrismo. Pior ainda, há pais comodistas que chegam mesmo a usar recursos desse tipo para manter as crianças ocupadas — garantindo assim «um pouco de paz» e de «tempo para si mesmos»...

Ideologias camufladas, mensagens subliminares, ataques formais ou disfarçados com ironias à moral, à família, às crenças e valores fundamentais, desrespeito ao sagrado, misturado com a pornografia, sordidez e falsa naturalidade com que se apresentam as cenas mais chocantes, em chamadas nos horários dito nobres... tudo isto, entre outras coisas, levou a este comentário do professor de psiquiatria da PUC-SP, Haim Grunspun: «A televisão brasileira enveredou por um caminho que não está ligado à educação do povo; nela ninguém se preocupa com as crianças, com o seu futuro sexual e com as gerações que se estão formando na frente do vídeo»[19].

Que fazer, pois? Alguns pais optam radicalmente por não ter televisão em casa, orientando os filhos para se ocuparem de outras atividades culturais e artísticas, jogos e passatempos de que eles próprios, os pais, também participam. Outros organizam campanhas no sentido de fazer valer os seus direitos de educar os filhos nos valores que pensam dever ser preservados. Outros ainda — e fazem muito bem — criticam as emissoras pelas cartas nos jornais ou diretamente pelo telefone, o que, se for feito com constância, acaba por ter excelentes resultados. Pode-se também «boicotar» sistematicamente os produtos e programas vinculados a propagandas apelativas, o que, se for acompanhado de umas boas cartas dirigidas ao departamento de atendimento ao consumidor das respectivas empresas, acaba também por trazer frutos.

Mas há algumas pequenas medidas práticas que se podem tomar em casa, e que estão ao alcance de todos:

1. nunca deixar a televisão ligada indiscriminadamente o dia todo; pelo contrário, mantê-la habitualmente desligada e, se necessário, trancada enquanto os filhos são pequenos, só a utilizando para assistir em família aos programas que se selecionou;
2. selecionar e marcar com antecedência os programas, canais e horários a que realmente vale a pena assistir; e
3. conciliar o horário das atividades externas dos pais e dos filhos, já desde pequenos, para que todos estejam juntos em casa a partir de certa hora, e assim os mais velhos possam orientar a utilização da televisão e dos vídeos.

Selecionar a programação, ter disciplina e método quanto a horários e distribuição das atividades, assistir com os filhos a determinados programas, filmes e novelas, e interpretá-los dando-lhes a verdadeira e honesta visão dos temas, isto, em resumo, é *formar* nos jovens o *critério pessoal* de que precisarão futuramente para orientarem a própria vida.

«A entrada da televisão nos lares modificou hábitos, costumes e horários familiares, mas não é capaz de destruir seja o que for *se os pais não deixarem que o faça*. É a atitude que os pais adotam perante ela, tornando-a um meio, um instrumento a seu serviço, e não o contrário, o que vai ditar a sua influência negativa ou positiva»[20].

Do bom uso dos vídeos

Vale a pena pensar que os vídeos são hoje uma alternativa para a programação da televisão. Representam outra forma de lazer, educação e formação, desde que os pais se disponham a «gastar tempo», escolhendo as fitas de acordo com os seus objetivos educacionais, para depois discutir, formar, dar critérios ou ensinar aos filhos.

No entanto, os pais devem estar muito atentos quanto a permitir livre acesso dos filhos a filmes. Já ouvi de várias mães que, sob a capa de desenhos infantis ou clássicos do cinema, seus filhos estavam levando para casa verdadeiros «venenos». Filmes da pior qualidade, violentos, pornográficos, que vão ser vistos em grupo, tantas vezes dentro das próprias casas, quando os pais estão ausentes!

O ideal seria que os pais ou algum adulto de bom critério vissem a fita para fazer uma seleção prévia, retirando ou marcando cenas indesejáveis pela sua violência, pornografia ou simples ausência de interesse, e para informar-se do seu conteúdo e mensagem, a fim de determinar se aquele filme é ou não adequado ao que eles se propõem ensinar. Se se compram os filmes, pode-se montar uma pequena videoteca «depurada», com filmes bons, dos quais se podaram as cenas apelativas, muitas vezes gratuitas e completamente desnecessárias para a trama. Se se alugam, podem-se pular esses trechos durante a sessão.

Caso seja difícil arrumar tempo para isso, será preciso informar-se com outras pessoas, que tenham um bom e amadurecido critério cristão, para saber se determinada fita é ou não conveniente. Como é valioso que os pais, desde cedo, formem grupos de casais com os mesmos ideais educativos e objetivos de vida, para se aconselharem mutuamente nesta tarefa, sobretudo nas fases da vida em que o despertar dos impulsos e da curiosidade torna os filhos mais vulneráveis...

Por outro lado, tendemos com muita frequência a encarar como «descanso» somente os filmes comerciais, dramas e comédias. Seria preciso descobrir as fitas de valor educativo, sobre temas geográficos, científicos, com peças clássicas de ópera e balé, e tantas outras, que se vão tornando cada vez mais frequentes. Pode-se também combinar os horários segundo a idade e interesse dos filhos, estimulando-os a convidar os seus amigos para juntos formarem um cineclube, tão do agrado de adolescentes e jovens. Os debates que se farão ao final da exibição serão de um valor incomparável para a formação integral!

Do bom uso do «som» & cia.

Tanto pode ser o rádio mais simples, de pilha, como o «cassete», o toca-

-discos, o *walkman* ou o «som» de última geração.

Há uma fase da vida, a adolescência, em que a tendência dos jovens é olhar para dentro, descobrir-se, conhecer-se. E muitas vezes utilizam para este fim o ruído externo, que apelidam de «som», colocado no máximo volume, como uma forma de não ouvir, não entender, não se inteirar do que se passa fora deles, para ocupar-se de si mesmos. Cabe aos pais entender que é uma fase da vida, respeitar e ao mesmo tempo ir penetrando devagarinho nesse universo (lembram-se de como faziam com os pequenos e os brinquedos?), orientando, oferecendo *alternativas* de opções.

O comediante americano Bill Cosby, falando da diferença de gostos musicais entre as gerações, diz: «Duvido que algum pai de família jamais tenha gostado da música de que os seus filhos gostam. Na aurora dos tempos, com certeza algum homem das cavernas, alegremente sentado sobre uma rocha a assobiar o canto de um pássaro, de repente se sentiu aterrado ao ouvir a música produzida pelo seu filho adolescente, que se dedicava a imitar os grunhidos de um macaco adoentado. Muitas eras mais tarde, o pai de Mozart deve ter entrado um dia na sala de estar para descobrir o jovem Mozart a tocar Bach no cravo. — "Desligue essa barulheira", deve ter dito o pai. E o jovem Mozart respondeu (em alemão, é claro): — "Mas, papai, essa música é *moderna*"...»[21]

Se se começa cedo, pode-se compartilhar com os filhos os próprios gostos musicais, de forma a evitar que mais tarde se concentrem exclusivamente nas bandas que estão de moda, e assim tenham também maior amplitude de opções. E se se compartilha dos gostos musicais deles — por mais que possa custar —, também aqui surgem oportunidades para desvincular o gosto propriamente musical dessa espécie de «cultura alternativa» («sexo, rock e drogas») que anda tão intimamente associada às bandas atuais. Quanto aos videoclipes, o melhor será aplicar a eles os mesmos critérios que já apontamos para os vídeos e a televisão em geral.

Outra forma de lazer solitário dos jovens que, tal como as duas anteriores, pode degenerar num verdadeiro vício, com consequências nocivas para a saúde mental e até física dos jovens, são os videogames, quer isolados, quer associados ao computador. O psiquiatra espanhol Aquilino Polaino, especialista no que se vem chamando *ludopatias*, isto é, doenças originadas pelos jogos, caracteriza-as assim:

«O abuso dos videogames exclui a dimensão socializadora do jogo e gera o contrário, o que prejudica a criança que, ao jogar com esses aparelhos, está sempre só e isolada. Além disso, destrói a comunicação entre pais e filhos, porque a criança se absorve no jogo e não se interessa pelos assuntos da família; não presta atenção às mensagens dos pais e, quando estas chegam até ele, criam-se conflitos, porque lhe estão tirando a sua "droga" [...]. A pessoa vídeo-adicta está lançando as bases para não aprender a pensar nunca»[22].

Por outro lado, diz o mesmo professor, usados com prudência, os videogames são opções de diversão muito sadias para crianças pequenas, porque evitam o tédio, fazem a criança amadurecer do ponto de vista intelectual e motor e ajudam o aprendizado, especialmente se forem pedagógicos e os personagens não forem demasiado medíocres, e sim apresentarem virtudes — coragem, senso de justiça — que valha a pena imitar.

Podemos, portanto, resumir: tanto a televisão como o som e os videogames são positivos se o seu uso for prudentemente moderado pelos pais. Até os nove ou dez anos, a criança tende a pensar através de imagens, o que é um tipo de pensamento ainda débil, mas constitui uma fase necessária para o posterior desenvolvimento do raciocínio. O que importa é que esse tempo seja limitado: mais de duas horas por dia, de qualquer dessas diversões, podem ser francamente prejudiciais. É preciso que os pais «gastem tempo» para supervisionar o tempo que os filhos despendem nesse lazer, alternando-o com o estudo e os pequenos encargos familiares, pois é o único modo de as crianças aprenderem o autocontrole, característica que mais tarde se tornará vital para elas.

Além disso, o ideal é contrabalançar essas diversões com um tempo mais ou menos igual de leitura, adequada à idade e supervisionada pelos pais. Não se trata de fazer dos filhos uns intelectuais precoces, mas de desenvolver neles desde a infância o gosto de ler, que constitui o melhor fundamento para no futuro serem homens e mulheres que sabem pensar.

«O imaginário infantil só se enriquece através de narrativas com começo, meio e fim» — afirma René Diatkine, psicanalista francês especializado em contos infantis. «A criança sabe distinguir perfeitamente a linguagem do cotidiano da linguagem dos contos. Ouvindo essas histórias, ou lendo-as, ela cria um espaço em sua cabeça para um mundo mágico literalmente fabuloso; aprende a reagir a situações desagradáveis e a resolver os seus conflitos pessoais. [...] Ensinar a criança a controlar os seus medos e emoções através dos contos é protegê-la». E acrescenta: «O que nós, psicanalistas, fazemos com conhecimento de causa, porque estudamos, deveria ser feito pelos pais: acompanhar os filhos, sentar-se para ler e narrar-lhes histórias»[23].

Desta forma, afirma Diatkine, as crianças se preparam para gostar da linguagem escrita quando estiverem na escola. E se pensarmos nas dificuldades que a maioria dos colegiais e até dos adultos enfrenta quando se trata de ler um livro e, em consequência, de fazer um simples trabalho de redação, perceberemos como é importante desenvolver desde cedo esta faceta da personalidade...

Muito mais importante ainda é perceber que só quem lê habitualmente — e lê livros, não jornais ou revistas — ganha uma compreensão aprofundada do mundo que o cerca. A pessoa que está apenas «atualizada», isto é, informada sobre os assuntos da moda, mas não procura na leitura subsídios para achar as respostas verdadeiras às únicas questões que realmente interessam — «quem somos nós, de onde viemos, para onde vamos» —, essa pessoa é na verdade um analfabeto funcional, frívolo, superficial e manipulável; no fundo, está perdida num quebra-cabeças sem fim, incoerente e incompreensível.

Do bom uso do telefone

— «Não consigo falar lá em casa — só dá ocupado!» Quantas vezes já lhe aconteceu esquecer algo em casa, ou ter que dar um recado, e ao telefonar... nada! Ocupado... ocupado...! Quanto tempo se perde! Quanto aborrecimento se acumula!

Como é difícil, até para os próprios pais, educarem-se quanto ao que seja usar bem o telefone! É um excelente meio de comunicação para temas rápidos, recados, marcação de encontro, consultas, informações, orientações, tira-dúvidas, pedidos de desculpas, palavras de carinho e de conforto, presença... Mas quanto tempo e dinheiro gastos impensadamente, porque não se «treinou» a vontade em mais este pormenor!

A adolescência e a juventude, sobretudo, propiciam excelentes ocasiões de orientar o seu uso para a vida em comum na família, sem exclusividades deste ou daquele que se possa sentir «dono» do aparelho. É a hora de pôr em prática o domínio sobre si mesmo, sobre os «gostinhos» e vontades próprias. Quantas pessoas se queixam — também na frente dos filhos — de faltar-lhes tempo para uma série de atividades e compromissos! Se, na verdade, computassem o tempo que gastam ao telefone, o delas próprias e o dos outros, em banalidades muitas vezes, talvez as suas queixas deixassem de existir... É, de fato, um tema que exige firme educação da vontade, para selecionar os assuntos que devem ser tratados pessoalmente daqueles para os quais o telefone é tão útil.

Do bom uso do dinheiro

Manejar o dinheiro, aprendendo a usá-lo como um meio e não como um fim em si mesmo: eis o ideal que os pais devem propor-se na educação dos filhos relativamente a este tema. Assim, desde pequenos, darão às crianças quantias proporcionadas, bastante apertadas. Assim elas se habituarão:

1. a saber gastar, porque organizarão livremente as suas compras;
2. a saber poupar para aquilo que desejam de verdade;
3. a saber contentar-se com pouco, alegres por ter algo quando tantos nada possuem;
4. a saber dar — e que aprendizado feliz é o de dividir com quem não tem ou tem menos!

Um costume bastante difundido entre nós é o de presentear os filhos porque, por exemplo, passaram de ano ou cumpriram determinadas tarefas que lhes competiam, ou até porque... comeram! Seja qual for a idade, não é bom que os filhos confundam os seus próprios deveres e obrigações com favores prestados. Diante de uma sociedade consumista e pragmática, urge devolver o verdadeiro sentido das coisas.

Por isso, *dar sempre pouco dinheiro aos filhos*, mesmo que os pais tenham possibilidade de dar mais, é um critério valioso.

Dar no momento oportuno, supervisionando em que e como gastam, orientando-lhes as primeiras despesas, sem censurar ou ridicularizar as suas compras, ajuda a formar nas crianças o sentido do bom uso do dinheiro. Pouco a pouco, aprenderão o que é prioritário segundo a sua própria escala de valores, e farão as suas escolhas, que os pais deverão respeitar.

Todo o dinheiro vai-se em brinquedos? Avaliar se estão podendo brincar o suficiente ou, pelo contrário, se só estão brincando em fases da vida em que já deveriam estar ocupadas com outras tarefas... Outras vezes, deverão repor algo que foi estragado ou destruído e perdido em casa por sua culpa, desembolsando então das suas economias ou mesada; isto as ajudará a valorizar o que têm, além de que aprenderão a cuidar e conservar as suas coisas e as da casa.

Na mesada, devem os pais calcular e incluir as despesas habituais (condução, lanche, material escolar extra), para que os filhos aprendam a administrar e selecionar. Depois poderão passar-lhes, gradativamente, encargos como fazer pequenas compras no supermercado, na farmácia etc., e mais tarde o pagamento de contas de luz ou outras contas da família, para que aprendam a saber e a querer ser úteis.

CORPO SADIO, CABEÇA BOA... E QUE MAIS?

«Mais que uma cabeça bem cheia, as crianças devem ter uma cabeça bem formada», diz Montaigne. Oxalá os pais, que tanto se esmeram para que os filhos gozem de boa saúde, estudem nos mais afamados colégios, frequentem os melhores clubes, também se empenhem seriamente numa formação que lhes proporcione condições de ocuparem plenamente o lugar que lhes cabe, a fim de exercerem integralmente a missão que lhes está reservada na vida, e não apenas preencherem espaço...

Que é, pois, ter uma cabeça bem formada? É saber que se é dotado de uma *inteligência* a ser desenvolvida, de uma *vontade* a ser treinada, de um *coração* rico em valores e virtudes... Valores. Virtudes. Palavras que vão voltando em diferentes tons ao nosso vocabulário.

Recomecei a ouvi-las no III Congresso Brasileiro da Adolescência em Porto Alegre, em 1989. Alegrei-me sobretudo porque, mais que ao vocabulário, estão voltando ao viver das pessoas. A vida é um dom, um bem, um valor. Esta vida que você vive e que transmitiu aos seus filhos, representa para você um dom, um bem, um valor? Os animais e plantas vivem, mas não têm consciência disso — apenas os seres humanos podem entender o alcance de uma existência e reconhecer o seu valor.

Valores e virtudes

Sabemos que a criança, para formar hábitos, necessita da repetição de atos —

assim se formam os hábitos de higiene, sociabilidade, civilidade, etc. Atos bons, repetidos, tornam-se *virtudes*; e a maior parte delas são aprendidas e exercitadas primeiramente no seio da família, no lar. Quanto *tempo gastam* os pais para bem formar os seus filhos?

Quanto tempo é gasto, por exemplo, na *educação* propriamente dita, a da famosa e tão esquecida *civilidade*: as boas maneiras, a boa educação? Ensina-nos D. Marcos Barbosa[24] cinco «palavrinhas de ouro» para o bem viver cotidiano:

— *Bom-dia*;
— *Perdão*;
— *Por favor*;
— *Obrigado*, e;
— *Sempre às ordens*.

Vamos utilizá-las, multiplicá-las, usar e abusar!

Quanto às virtudes de fundo, não é preciso nenhum «esquema» especial para ensiná-las: os próprios incidentes da vida de todos os dias dão ocasião aos pais de as transmitirem aos filhos. Acostumar uma criança, desde pequenina, a «brincar de ajudar», faz com que ela assimile a virtude de *servir*, aprenda o gostoso que é ter as coisas em *ordem*, cada uma no seu lugar, junto com a *alegria* de encontrar logo o que precisa...

Já se disse que uma virtude está presa às outras como as cerejas em um cesto: ao puxar uma, as outras vêm presas pelos cabinhos, aos pares. Ao arrumarem os seus brinquedos, cadernos, gavetas, as crianças organizam-se, treinam a *paciência*, tão necessária ao longo da vida para fazer bem uma coisa de cada vez, voltar a fazê-la quando for preciso, saber começar, recomeçar e bem acabar. Quando os pais as ensinam a reconhecer as faltas e pedir perdão, levam-nas a treinar a *humildade*, a ter a *responsabilidade* de assumir os próprios erros, além de as familiarizarem com a arte (tão difícil!) de dizer sempre a *verdade*, de viver a *sinceridade!*

Este cortejo de virtudes traz consigo a *confiança*, a *lealdade*, a *amizade*, a *solidariedade*. Dar encargos, incumbências, tarefas aos filhos, ajuda-os a crescer em todas essas virtudes, e o ideal é aproveitar a idade em que se oferecem para ajudar para distribuir entre eles as responsabilidades domésticas. Este põe a mesa, aquele ajuda a retirar os pratos e talheres, outro recolhe o lixo, um faz as camas enquanto o menor junta os brinquedinhos.

E ao aprenderem a dedicar uma parte do seu tempo às necessidades familiares, e em geral a dividir o que é seu, os filhos estarão vivendo a beleza da *generosidade*, que torna qualquer família, qualquer lar, o melhor lugar para se viver! Quem disse que é fácil não se queixar, não se lamuriar? Custa, e muito! Ou não cobrar? (— «Mato-me por vocês e vejam só o que recebo!»). É difícil, custa, mas como é valioso — vale a pena!

Felizes os filhos que podem contar com pais generosos (a começar pela generosidade de querer ter filhos!), esquecidos de si, alegres, desprendidos, pais que sabem dosar o *sim* e o *não* com um *talvez* ou um *quem sabe*, em certas oportunidades! Se o *fazem* primeiro, os pais não precisarão exigir respeito e confiança dos filhos, porque já os terão ganho com a sua prontidão, carinho e firmeza, espírito de serviço e fortaleza, e os seus lares serão luminosos e alegres.

É bom lembrar-se de que tudo aquilo que possa ser temperado com uma pitada de *bom humor* torna o aprendizado mais aprazível e serve de estímulo à repetição e, portanto, também à aquisição das virtudes. O *bom humor* em casa é responsável por uma visão otimista da vida e dificulta o «ranço» do desgaste que a convivência costuma ocasionar. Quantas neuroses, fobias, doenças, poderiam os pais poupar a si mesmos e aos filhos se, com o bom humor, transformassem o que seria uma tragédia em algo suportável, gostoso até!

A autora inglesa Victoria Gillick, mãe de dez filhos, conta um divertido episódio da sua experiência pessoal, adquirida entre repetidas mudanças de casa, trabalho, dificuldades financeiras…: «Uma vez que se conseguiu estabelecer as boas maneiras como o padrão diário de comportamento, torna-se possível que todos "quebrem as amarras" de vez em quando e desfrutem plenamente da sensação de desordem completa, sem que os pais cheguem a perder inteiramente o controle da situação. [...] Certa noite, por exemplo, resolvi, a título de experiência, fazer uns bolinhos, e produzi umas duas dúzias de espécimes decididamente sólidos. Apesar de as crianças comerem tudo o que eu fazia e sempre acharem maravilhoso, Gordon [o marido] apanhou uma daquelas "coisas" intragáveis, lançou-a para o ar e acertou-a com uma colher de madeira, fazendo-a voar através da sala. As crianças imediatamente deram continuidade ao jogo, lançando-lhe o resto dos bolinhos e comemorando cada vez que um deles era rebatido para um dos quatro cantos da sala de jantar. Na verdade, não me importei muito com o assunto: aqueles bolinhos mereciam isso. [...] Talvez isto pareça um pouco assustador, mas um toque dessa inocente falta de ortodoxia no ramerrão da vida cotidiana não só é estimulante, mas ajuda-nos muitas vezes a enxergar as coisas na sua devida proporção. Sem isso, penso que a disciplina pode tornar-se qualquer coisa de terrivelmente tedioso»[25].

O exemplo próprio... e o alheio

Certamente você se preocupa com a educação dos seus filhos. Conhece a filosofia do Colégio onde estudam? E os seus professores, o que pensam, como vivem? Acompanha as leituras recomendadas, os trabalhos a serem feitos?

Claro que isto *exige tempo!* Se não o faz, procure começar já a acompanhar mais de perto o que, *realmente,* os seus filhos estão aprendendo, ajude-os a descobrir por que, para que e como devem estudar. Selecione as leituras que lhes vai recomendar, componha uma pequena biblioteca doméstica de bons autores nacionais e estrangeiros, incentive neles o gosto pela cultura.

As crianças são um espelho dos pais e dos adultos com quem convivem. É importante, portanto, que estes sejam os primeiros a educar-se nas virtudes humanas e no convívio familiar. Empenhem-se sempre em realçar, diante dos filhos, as coisas boas que se têm, as qualidades dos outros, aqueles que trabalham, criam, constroem, lutam, caem e se levantam. Fora com a visão pessimista e lamurienta, das coisas que não se têm, daquilo que não se fez, dos que não trabalham, dos que não vieram a um compromisso, etc...

De como as situações existenciais sejam vividas no lar dependerá a visão dos filhos, o modo de se comportarem ao longo da vida. Otimismo, garra, espírito de luta, em casa se aprendem!

E não se esqueçam, pais, de pensar bem dos filhos. Isto porque ninguém no mundo, com certeza, gosta de se portar mal. Os maus, ou são doentes, ou fracos que desistiram de ser bons, talvez até porque os que estão ao seu lado os desestimularam! Educar leva tempo e exige que se *gaste tempo*.

Quando, por exemplo, os filhos chamam os pais para brincar ou lhes pedem ajuda em determinadas atividades, qual é a reação? Um suspiro de enfado, um já-vou-que-não-vem, uma imprecação? Ou é o pensamento: «O meu cliente mais importante é o meu filho», e então largam tudo para atendê-lo, e com um sorriso? Isso custa? É claro que sim! Isso é utópico? *Não!*

Vencer o próprio egoísmo, comodismo (os espanhóis usam para isso a palavra «poltronice», talvez porque custe tanto largar a poltrona macia e fofinha...)

exige autodomínio, que vem do amor, da certeza de que aquele momento do outro, do cônjuge ou dos filhos, é único, e que portanto vale a pena gastar tempo com ele!

Bom senso, decisão e exemplo

É na família, no interior do lar, que se aprende o que são valores e virtudes e como vivê-los, como fazer da casa um lar, como fazer da família realmente uma família, e não um entra-e-sai de pessoas que mal trocam entre si duas palavras, sem objetivo nem ideal.

Qual o bom pai, a boa mãe que não deseja que os seus filhos sejam felizes? Isto implica gastar tempo com eles, para trilharem juntos o caminho dos valores e das virtudes, procurando ter atitudes ditadas pelo *bom senso*, sem medo dos complexos e neuroses que tantos arautos de teorias ditas modernas tentam impingir: «Não seja tão amigo de seu filho», dizem, «senão ficará para sempre dependente de você». Ou então: «Deixe os filhos fazerem o que quiserem para não castrar os seus impulsos». Ora, isto não é sabedoria popular. São, antes, atitudes que deixam nos filhos sentimentos de abandono e de indiferença e levam à deformação do caráter, à massificação e à criação de uma legião de inseguros, violentos, infelizes, talvez devassos.

Bom senso ao definir metas, ensinar caminhos. «Ser capazes de afirmar corajosamente: isto é assim, tal coisa não é verdadeira, esta outra está certa. Nada de medo! Está profundamente errado o utópico que sonha e diz por aí constantemente: todas as opiniões são respeitáveis. Sabemos e devemos dizer aos filhos: há muitas opiniões e ideias em circulação na sociedade que não merecem nenhum respeito, embora mereçam todo o respeito as pessoas, enganadas ou não, independentemente da sua opinião boa ou má»[26].

Decisão. «Sem dúvida, nos últimos quinze anos, a psicologia arejou muito as relações familiares. Mas provocou também um fenômeno curioso — os pais passaram a compreender *demais* os seus filhos, e por isso a liberá-los de responsabilidades que devem assumir para crescer. Falta decisão no contexto familiar. São transmitidos valores frouxos, de consequências imprevisíveis. Aos pais cabe, através de decisões firmes, limitar a impetuosidade e onipotência típicas dos filhos, sobretudo adolescentes. Os pais são responsáveis pela educação dos filhos, que vejo sobretudo como a colocação de limites. O que deixa os filhos, muitas vezes, inseguros, é justamente a falta de decisão, de firmeza até para dizer: "Não porque não, e está acabado"»[27].

«Educar é estabelecer limites. A meu ver, existe um ponto fundamental na educação dos filhos: a importância dos pais como modelos e como educadores, papéis que vêm perdendo para os meios de comunicação e que devem tentar resgatar [...]. A comunicação pode ser muito importante, mas acredito que os pais como modelos são ainda mais determinantes na formação do filho»[28].

Já se disse com propriedade que os pais se educam à medida que educam os filhos. E a forma básica de educar é o *exemplo*.

É muito comum que os pais (e em especial as mães...) julguem que ser bons pais é fazer tudo *em lugar* dos filhos. Amar, dar exemplo, é fazer primeiro, é ir à frente, para que os mais jovens venham atrás. Ao caminhar de pés descalços na praia, deixam-se marcas que as crianças se divertem procurando pisar. Fazer primeiro é fazer *com eles*, ao lado deles, e não *em lugar deles*. Isto educa. Isto é virtuoso e representa gastar tempo, mais tempo do que aquele que se gastaria aplicando a filosofia do «deixa que eu mesmo faço»...

Você tem tempo para ser esse exemplo para o cônjuge e para os filhos? Demonstra isso no dia a dia? E com um sorriso no rosto, mesmo que a cabeça esteja doendo? Já se disse que «o sorriso é a janela do rosto mostrando que o coração está em casa...»

O projeto de vida

É também na família que se aprende a elaborar o projeto de vida.

«O projeto de vida — indicar caminhos e advertir dos perigos — perde o seu valor se não for conduzido em liberdade [...]. A liberdade é requisito indispensável na missão educativa dos pais. A educação da liberdade — diz o ensaísta espanhol Rafael Gómez Pérez — é, antes de mais, educação *em* liberdade. Trata-se de transmitir os conhecimentos, os valores, os prós e os contras das várias formas de comportamento, de modo a ensinar a escolher livremente o melhor e a rejeitar os comportamentos errados, não por serem proibidos, mas por serem contrários à natureza humana»[29].

«A família é o segredo com que os pais podem combater a influência negativa do ambiente e ajudar os filhos a serem felizes. Explicar, ensinar a diferença entre o verdadeiro e o falso, informar, sensibilizar para as coisas que nos rodeiam, exercer a autoridade com valentia e sem rodeios, e, ao invés de proibir, prepará-los para saber escolher por si, proporcionando-lhes a liberdade de decidir corretamente»[30].

Quando os pais ensinam aos filhos o que eles próprios fazem, por que o fazem e para quê, estão, da melhor maneira, ganhando o amor e o respeito deles sem precisar exigir ou impor. Explicar, repetir, voltar a ensinar leva tempo, implica em dar de si, em *gastar tempo* com os filhos, de todas as idades.

Não é verdade que esbarramos a todo o momento com a falta de verdadeira sensibilidade nas pessoas? Muitos confundem *sensibilidade* (delicadeza profunda dos sentimentos) com *sentimentalismo* (expressão superficial, epidérmica, exterior apenas). É tarefa educativa dos pais preparar o coração dos filhos para a finura e delicadeza de coração a fim de que sejam homens em plenitude, integrais, não só cabeça nem só coração. «Uma das mais urgentes tarefas dos educadores é corrigir a *falta de sensibilidade*, o modo de ser interior *grosseiro*, que é o maior inconveniente com que se tropeça habitualmente»[31].

«Insensível é o egoísta, que se isola, que é incapaz de encontrar o sentido da sua vida e a organiza a seu modo, material e humanamente, apoiado em coisas que não poderão sustentá-lo no torvelinho das inúmeras situações que a vida apresenta. Só aquele que aprender, em sua família, desde pequeno, que há valores espirituais e que só eles são estáveis, só eles dão segurança ao ser humano (e estes valores são Deus, o espírito e a eternidade), será capaz de encontrar um sentido para sua vida»[32].

O ser humano é um todo, não deve ser compartamentalizado, ou seja, não se pode reduzir as pessoas a um monte de células, músculos, um estômago, órgãos, pernas e braços. Olhar uma pessoa deve ser olhar para todo um ser bio-psico-social-espiritual. Esta é a visão «holística» do homem e, a partir dela, o primeiro passo é reconstruir esta ideia básica: «A família é para a criança o que o fruto é para a semente», como assinala o Professor Athayde de Fonseca, pediatra carioca. A semente mantém e garante a continuidade da sua espécie, protegida pelo fruto. O futuro das famílias, das pessoas, está nas crianças! Ou como enfatiza André Berge, «toda a criança precisa de uma família, mas não de qualquer família — quer dizer pai, mãe, irmãos, que lhe ofereçam:

— afeto (não a indiferença expressa no «Pode fazer o que quiser»);
— proteção, segurança (que não é prisão nem conjunto de proibições);

— heterogeneidade — pai, mãe, irmãos de diferentes idades, modelos com os quais a criança se identificará e a partir dos quais se diferenciará, ela própria, como um outro ser humano»[33].

Um tempo precioso: A educação para o amor

A educação sexual faz parte da educação global; não é um compartimento isolado — é educação *do* amor, *com* amor, *para* o amor. É tarefa insubstituível dos pais e que não deve ser entregue — a não ser em situações muitíssimo especiais — a estranhos, por mais preparados tecnicamente que os julguemos, sejam da área de saúde, educação ou outras.

Cada ser humano evolui individualmente — não somos máquinas ou robôs produzidos em série — e, portanto, não é em grupos, turmas ou na Escola que se fará uma saudável e efetiva educação sexual, mas no aconchego do lar e pelos pais.

Preparem-se, pois, os pais, para bem prepararem os filhos! Não podemos deixar os nossos filhos entregues ao acaso, sem uma séria preparação para o amor, que é o que de mais belo, sério e fundamental existe em uma vida! Amar é querer o bem do outro e só se pode desejar o bem do outro e a ele doar-se quando se aprendeu (em casa, com os pais) a ser senhor de si mesmo e das próprias potências. Amor não é sexo, mas para a maior parte das pessoas o inclui. É necessário que pais e educadores fujam dos extremos: sexo não é «tabu» nem «bandeira». Nem silêncios criminosos, nem propaganda desenfreada. Instruir não é o mesmo que educar, pois não somos o que sabemos. Qual o médico que ignora os malefícios do fumo? E por que tantos fumam?

Gastar tempo, pais, dando respostas verdadeiras, à hora em que os filhos perguntam, sem linguagem complicada, sem ir além do que foi perguntado. Aquilo que ficar duvidoso ou incompleto, a criança continuará a perguntá-lo até ficar esclarecido.

Evitar exemplos pessoais, como: — «Você, papai, mamãe», mas sim respostas como estas: «Os filhos nascem do amor entre os pais e as mães», por exemplo. Dar explicações e respostas que não representem aulas, mas ensinamentos de coração a coração. Quando? Na ocasião oportuna — ou seja, quando os filhos perguntam. Sem deixar para depois, a não ser com alguma explicação: «Sabe que preciso me informar melhor? A tal hora conversaremos».

E depois fazê-lo de verdade, criando o tempo para essa conversa. Quando não se fazem perguntas (o que aflige muitos pais), sempre se pode tentar criar as oportunidades para conversar de coração a coração.

Fugir ao naturalismo que tantos confundem com a naturalidade. O naturalismo não respeita o pudor próprio das crianças e adolescentes, mas esconde-se sob a falsa aparência do «que é que tem?» O respeito à intimidade é um direito, e portanto, ao evitar por exemplo trocar de roupa diante dos filhos ou tomar banho com eles, os pais estarão usando deste direito, seu e dos filhos.

Na adolescência, quando a vitalidade, a energia e os impulsos hormonais desabrocham com maior intensidade, é preciso mostrar-lhes que é normal e saudável este acontecimento. Tranquilizar os filhos, ensinando-lhes como agir diante de um desejo forte e aparentemente incontrolável: ajudá-los a dirigir as energias para atividades esportivas, criativas, artísticas, culturais, a dar um sentido e direcionamento às suas forças, ocupando-se dos mais necessitados, aprendendo a dominar a vontade, sendo senhores e não escravos de seus corpos.

Com o exemplo, a palavra oportuna, as atitudes seguras e serenas, mostrando *por quê* e *para quê*, os pais ensinam os filhos a treinar a própria vontade, a ter domínio de si, demonstrando-lhes na prática o valor da disciplina, da ordem, das ocupações bem orientadas, das boas amizades cultivadas desde a infância.

É preciso fugir também da pedagogia da sexualidade em termos «angelistas», «botânicos» — os repolhos — ou «zoológicos» — as cegonhas —, pois não somos anjos, plantas nem animais: somos seres humanos, dotados de uma inteligência que quer compreender, de uma vontade que quer decidir, de um coração que quer amar! Seres sexuados, não genitalizados, que necessitam conhecer o que significa o próprio corpo, como se nasce, de onde se veio, para quê e como viver.

Os filhos que sabem que os seus pais estão prontos a gastar tempo com eles, e nos quais têm toda a confiança, perguntarão em casa o que desejam saber, esclarecerão dúvidas, não serão «deformados» pelas informações distorcidas, erradas, grosseiras, de maus companheiros, maus professores ou doentios meios de comunicação.

A educação sexual inclui também a moda, a seleção de roupas de uso diário, de banho de mar e de piscina, atentos à escolha do vestir e não do despir... Como é importante incentivar o uso de trajes adequados, de conversas limpas, dando nomes corretos às coisas de um modo geral, assim como às partes do corpo, feito «à imagem e semelhança de Deus» — do Deus-Homem! Neste campo, porém, atenção para não confundir nem agredir os filhos com linguagem grosseira, de rua; como aprenderão a distinguir o certo do errado, o verdadeiro do falso e que poderão esperar do mundo, dos outros, se em casa são assim tratados (maltratados!) pelos pais que lhes oferecem «qualquer coisa» ou «tanto faz»?

Muita delicadeza, pais, com os filhos! Eles são, como diz a canção: «um cristal bonito, que se quebra quando cai» — e o conserto nunca mais devolve a beleza original...

Um tempo essencial: A formação religiosa dos filhos

Avô, mãe, crianças no passeio de trem. André, três anos e meio, pergunta sem parar: «Vovô, por que o outro trem está parando? Por que este barulho? Por que estamos parados?» Sorrindo, o avô responde pacientemente, até que, depois de um certo tempo, a mãe indaga: — «Filho, por que você pergunta tanto?» E lá vem a pronta resposta: — «Mamãe, sou pequeno, não sei das coisas — como posso aprender sem perguntar?»

Tão lógica e tão clara a sabedoria das crianças!

Esta resposta de André fez-me lembrar certa conferência do professor Antonio Márcio Lisboa, pediatra, quando dizia, entre outras coisas: «A célula germinativa não transmite cultura». Não será esta uma das razões dos «porquês» das crianças — esse desejo de conhecer tão ligado ao ser humano, à sua profunda intimidade e que aspira a ser atendido?

Como aprender se não houver quem ensine? E quem melhor que os pais para ensinar? Diz o poeta que «os vossos filhos não são vossos»... E de quem serão? Não nos pertencemos, e é bom lembrarmo-nos disso! Quem pode dizer aos cabelos da sua cabeça que não caiam, ou ao impulso do crescimento que trabalhe mais ou menos depressa? Pertencemos a Deus. Dentro de cada ser humano existe o «desejo inconsciente de Deus»[34]. E é preciso, essencial e mesmo vital que este «inconsciente» possa revelar-se aos poucos desde a mais tenra infância.

É preciso, pois, gastar tempo com a formação religiosa dos filhos. Juntar-lhes as mãozinhas e com eles fazer oração, pois ligar a criatura ao seu Criador — isto é o que quer dizer «religião» — é um dever dos pais que dificilmente se pode substituir. Assim, é preciso aproveitar todas as ocasiões para ensinar aos filhos, desde pequeninos, a presença de Deus em tudo o que nos cerca, atentos para que não tenham do «Papai do Céu» essa visão tão distorcida de que é Alguém que nos observa todo o tempo apenas para castigar e punir os malfeitos...

Assim como a criança vai reconhecendo as figuras familiares, os pais, irmãos e parentes, amigos, é importante que aprenda a reconhecer, com imagens e estampas de bom gosto, as figuras concretas da Virgem Maria (de quem o povo brasileiro é tão devoto!), de São José, do Menino Jesus, do Anjo da Guarda. Ao aprender a falar, que saiba também conversar com Deus, contar-Lhe o que acontece de bom e de menos bom, pedidos, esperanças, decepções, alegrias... Isto faz com que a criança se dê conta de que Deus é Alguém familiar, presente, constante em nossa vida, alcançável, real.

Muitos pais ensinam os filhos a oferecer os seus pequenos (grandes!) sofrimentos por intenções concretas, para que descubram o sentido da dor, do sofrimento, e não os recebam como castigos ou com revolta. Assim costumam esses pais tratar, junto com os remédios convencionais, as dores de barriga ou de cabeça, as gripes e resfriados dos filhos pequenos: ajudando-os a oferecê-las a Deus pelo pai daquele coleguinha que está desempregado, para que logo consiga um bom trabalho; pelo amiguinho que vai ser operado, para que tudo corra bem; por esta ou aquela pessoa que pediu orações...

E, nesta matéria, quantas lições nós mesmos vamos aprendendo com as crianças! Foi o que aconteceu com uma amiga minha que quebrou o pé. Fui visitá-la, e quando chegaram outros amigos com as crianças, uma delas, de cinco anos, foi logo comentando: — «Tia, sabe que você vai sarar rapidinho? Ofereci por você a minha dor de garganta»…

Um pequeno plano de vida

Ao levantar, que aprendam a oferecer a Deus o dia que começa, agradecendo pela noite que passou. Pequenas orações às refeições, agradecendo os alimentos e o carinho de quem os preparou, como tornam agradáveis e deliciosos esses momentos! Ao deitar, ensinar como fazer o exame de consciência e agradecer a Deus pelos que amamos e a rezar por aqueles a quem ainda não sabemos amar, pedindo ajuda ao Anjo da Guarda, sempre solícito em prestar-nos tantos favores!

Quantos adultos que, ao saírem de casa, sempre ouviram os pais abençoá-los — «Vai com Deus, filho» —, guardam em seu coração o eco dessa bênção e se sentem fortalecidos para lutar e tentar vencer as dificuldades, mesmo que aparentemente intransponíveis!

Quando os filhos já manejam os seus lápis ou giz de cera, é bom oferecer-lhes desenhos para colorir com episódios e cenas retiradas do Evangelho, contando-lhes as histórias e aproveitando para oferecer-lhes Bíblias com apresentações artísticas, de bom gosto e de conteúdo correto, adaptadas às crianças.

Contaram-me de um menino de oito anos, que via a mãe ler diariamente a Bíblia e anotar com lápis vermelho certos trechos em umas fichas separadas, por assuntos. Um dia, recebendo a família a visita de um sacerdote, perguntou-lhe o pequeno: — «Padre, quantas espécies de animais há no Evangelho?» E o sacerdote, divertido com a pergunta, respondeu: — «Hum... mais ou menos uma dúzia, meu pequeno!» — «Uma dúzia? Há trinta!» E, feliz da vida, começou a desfiar a lista: o camelo, os porcos, o jumento... Também ele se empolgara em procurar assuntos que lhe interessassem na Bíblia, e certamente cresceria nesse gosto até aprofundar-se nas coisas de Deus.

Ensinar aos filhos a presença real de Cristo na Eucaristia, levando-os à igreja, mostrando-lhes o sacrário, incentivando-os a visitar o Senhor em suas saídas, como visitamos as pessoas queridas, contando-Lhe o que nos vai no coração, as novidades, alegrias, tristezas. E depois levá-los a participar da Santa Missa, preparando-os para que desejem receber Nosso Senhor na Eucaristia, através de uma catequese doméstica, repassando com os filhos o Catecismo básico, tão valioso (e tantas vezes esquecido por nós mesmos...).

Como pode ser infeliz uma pessoa que teve na sua vida a presença dos pais atuando desta forma? Continuamente esquecidos de si mesmos, desinstalados do seu egoísmo, formando os filhos, *religando*-os ao Criador e Senhor? Não lhes prometo uma vida do tipo «mar de rosas», sem sofrimentos, porque somos frágeis, humanos, mortais; asseguro-lhes, porém, filhos fortes, serenos, homens e mulheres integrais, capazes de olhar de frente para a vida e dizer: — «Obrigado, pai e mãe, pelo dom imenso de viver; obrigado, pai e mãe, porque vocês existem!»

CONCLUSÃO

Não há que desesperar do homem.
Temos ainda — arca de surpresas — os meninos, e é proibido antecipar a sorte.
Degustam bem-aventuradamente um naco de melancia,
acomodam-se numa caixa de biscoitos, aderem ao carnaval.
Seus olhos profundos indagam:
— Que fazes por mim?
Não sabemos responder — mas os meninos continuam,
Esperança de todos os dias, e promessa de humanidade.

Carlos Drummond de Andrade

O que o poeta diz em verso, vi-o estampado em *outdoors* pela cidade, com os votos de Feliz Natal: rostinhos sorridentes de crianças brasileiras, misturas encantadoras de todas as raças, e o letreiro: «Está na cara que o Brasil tem futuro!»

Vamos gastar tempo com elas, com todas as crianças? Boa sorte! *Tempus breve est!* Vale a pena!

NOTAS

(1) Josemaria Escrivá, *Sulco*, 4ª ed., Quadrante, São Paulo, 2016, n. 986; (2) Romano Guardini, *As idades da vida*, Quadrante, São Paulo, 1990, p. 32; (3) Carlos Eduardo Novaes, *Essas mães maravilhosas e suas máquinas infantis*, Jornal do Brasil, 20--III-1983; (4) cf. Constance J. Foster, *Desenvolvendo a responsabilidade na criança*, Editora Fundo de Cultura, Rio de Janeiro, 1964, p. 26; (5) I. Adrados, *Orientação infantil*, Vozes, Rio de Janeiro, 1971, p. 304; (6) M.J. Schmidt, *Educar pela recreação*, Agir, Rio de Janeiro, 1964, p. 36; (7) Romano Guardini, op. cit., p. 30; (8) Boletim *Aceprensa*, Madri, n. 23, 17-VI-1992; (9) Romano Guardini, op. cit., pp. 30-31; (10) Anna Maria Costa, *Conheça o seu filho*, 4ª ed., Quadrante, São Paulo, 2016, p. 32; (11) Círculo do Livro S.A., 1992; (12) M.M. Machado, *A propósito dos contos de fadas*, Revista de Pediatria atual, São Paulo, 1988; (13) R.R. Barros, *Atualização em medicina desportiva*, Curso Nestlé de Atualização em Pediatria, Rio de Janeiro, 07--VI-1989; (14) R. Minear e W. Proctor, *Kids who*

have too much, Nashville, USA, 1989; (15) A.C. Sá, *O vale-tudo do compra-compra*, in *Crianças em Revista*, Publicação Schering, ano II, n. 4, 1988; (16) A. Orozco e L. Sotomayor, *Arte, moral e espetáculos* e *Os pais perante o rádio e a televisão*, Prumo, Lisboa, 1988, pp. 62-63; (17) cf. A.T. Jersild, *Psicologia da criança*, Itatiaia, São Paulo, 1969; (18) A semana amostrada foi a de 28-V a 03-VI-1990; pesquisa citada na reportagem *Sexo e violência na TV*, revista *Veja*, 04-VII-1990; (19) *Veja*, 04-VII-1990; (20) J. de Alba, *O tempo livre dos filhos*, Eunsa, Pamplona, 1980; (21) Bill Cosby, *Fatherhood*, Doubleday, New York, 1986; (22) Aquilino Polaino, *Hacen daño los videojuegos?*, entrevista a M.A. Souto e J.A. Martínez, in *Nuestro tiempo*, Pamplona, 03-1993; (23) René Diatkine, entrevista a Fábio Altmann, *Veja*, 17.04.93; (24) Programa *Encontro Marcado*, da Rádio Jornal do Brasil; (25) Victoria Gillick, *A mother's tale*, Hodder and Stoughton, Londres, 1989, pp. 116-117; (26) A. Orozco e L. Sotomayor, *op. cit.*, pp. 95-96; (27) M. Groisman, *Quando o problema é falta de decisão*, em *Criança em Revista*, Publicação Schering, ano II, n. 2, 1988; (28) L. Monteiro Filho, *Adolescência — a insustentável indefinição do ser*, *Criança em Revista*, Publicação Schering, ano II, n. 2, 1988; (29) Rafael Gómez Pérez, in *Nuestro Tiempo*, n. 228; (30) A. Orozco e L. Sotomayor, *op. cit.*, pp.

96-97; (31) Federico Suárez, *A Virgem Nossa Senhora*, Quadrante, São Paulo, 2003, pp. 58-59; (32) J. Mohana, *Prepare seus filhos para o futuro*, Globo, Porto Alegre, 1972, pp. 196 e segs.; (33) A. Berge, *Como educar pais e filhos*, Agir, Rio de Janeiro, 1968, pp. 28 e segs.; (34) Viktor Frankl.

Direção geral
Renata Ferlin Sugai

Direção editorial
Hugo Langone

Produção editorial
Juliana Amato
Gabriela Haeitmann
Ronaldo Vasconcelos
Roberto Martins

Capa
Provazi Design

Diagramação
Sérgio Ramalho

ESTE LIVRO ACABOU DE SE IMPRIMIR
A 28 DE JANEIRO DE 2024,
EM PAPEL OFFSET 75 g/m^2.